FLORESTAN,

ou

LE CONSEIL DES DIX,

OPÉRA EN TROIS ACTES.

Paroles de M. DELRIEU.
Musique de M. GARCIA.
Ballets de

Cet ouvrage se trouve aussi chez LADVOCAT, libraire, Palais-Royal, galeries de bois ; chez VENTE, libraire, Boulevart Italien ; chez ROULLET, libraire de l'Académie Royale de Musique; et chez madame veuve DABO, libraire, rue Hautefeuille, n°. 16.

FLORESTAN,

ou

LE CONSEIL DES DIX,

OPÉRA EN TROIS ACTES,

MÊLÉ DE BALLETS;

Représenté sur le théâtre de l'Académie Royale de Musique.

A PARIS,

Chez BARBA, Libraire, Palais-Royal, derrière le Théâtre-Français ;

Et chez l'Auteur, Boulevart Poissonnière, n°. 20.

1822.

PERSONNAGES.	ACTEURS.
MARCELLO, Président du Conseil des Dix et du Sénat.	M. Laÿs.
OCTAVIE, riche et noble Vénitienne, veuve.	Mad. Branchu.
FLORESTAN, amiral de Venise, chevalier français, amant d'Octavie.	M. Dérivis.
PEZARI, inquisiteur d'état, rival secret de Florestan.	M. Bonel.
NORADIN, prince more, prisonnier de Florestan.	M. Nourrit fils.
ORSEO, messager d'état.	M. Prevot.
Une Femme de Gondolier.	Mad. Lebrun.
Une villageoise.	Mlle. Reine.

Conseillers des Dix.
Sénateurs.
Suite du Doge.
— d'Octavie.
— De Florestan.
Officiers marins.
Matelots.
Soldats.
Gondoliers.
Villageois et Villageoises.
Gardes.
Peuple.

} Chœurs chantans et dansans.

La scène est à Venise.

Elle se passe au seizième siècle, sous le règne de Soliman II, vingt ans avant la célèbre bataille de Lépante, gagnée par Don Juan d'Autriche, sous Sélim II. A cette époque, la république de Venise était parvenue au plus haut point de gloire et de puissance.

FLORESTAN,

ou

LE CONSEIL DES DIX,

OPÉRA.

ACTE PREMIER.

Le théâtre représente l'intérieur de l'île Saint-George. A droite, le palais et les jardins d'Octavie; à gauche, un bosquet et une estrade ornés pour une fête; au fond, le grand canal; dans le lointain, une vue de Venise.

SCÈNE PREMIÈRE.

(LEVER DU SOLEIL.)

MARINS, MATELOTS, GONDOLIERS, Femmes de Gondoliers, chantans et dansans.

BALLET MILITAIRE.

(NOTA. En dansant, ils ornent l'estrade et le bosquet de guirlandes et de festons.)

FLORESTAN,

CHOEUR *pendant le ballet.*

A jamais vive Florestan !
Ce brave Français éternise
Le nom, la gloire de Venise !
Il est vainqueur de Soliman !
(ON DANSE.)

UNE FEMME DE GONDOLIER.

BARCAROLE.

Le Turc semant le ravage
Jusque dans cette cité,
Nous apportait l'esclavage.
Il fuit ; et la liberté
Règne encor sur ce rivage !
(ON DANSE.)

CHOEUR GÉNÉRAL.

A jamais vive Florestan !
Par son courage il éternise
Le nom, la gloire de Venise !
Il est vainqueur de Soliman !

(On danse généralement. — Dès que le ballet est fini, Orséo entre.)

SCÈNE II.

Les mêmes, ORSÉO, Gardes du Conseil des Dix.

ORSÉO, *aux chœurs de fête.*

Séparez-vous soudain, et quittez ce rivage.

LA MÊME FEMME.

Pourquoi nous séparer ? De quel droit ?

ORSÉO, *d'un ton menaçant.*

                      Quel langage !

ACTE I, SCÈNE III.

LE CHOEUR DES GARDES.
(Avec fureur.)

ENSEMBLE.
{
Du haut conseil redoutez le courroux !
Obéissez ! retirez-vous !

LE CHOEUR DE FÊTE.
(Avec effroi.)
Du haut conseil redoutons le courroux !
Obéissons, retirons-nous.
}

(Les marins, les matelots, les gondoliers et les femmes se séparent et sortent.)

SCÈNE III.

ORSÉO, Gardes, Villageoises un instant après.

ORSÉO.

En vain, pour obtenir le prix de ta victoire,
Tu comptes sur l'appui du peuple et des guerriers,
Un rival redoutable est jaloux de ta gloire,
Florestan ! crains la foudre à l'ombre des lauriers !...

(On entend, au loin, une musique gaie, dansante et villageoise.)

(Regardant au fond.)

Qu'entends-je encor?.. Partout on chante, on rit, on danse !
(Aux gardes.)
Cachés dans ces bosquets, observons tout ; silence !

LE CHOEUR DES GARDES.

ENSEMBLE.
{
Cachés dans ces bosquets, observons tout ; silence !

LE CHOEUR DES VILLAGEOISES, *dans le lointain.*

Chantons ! Soliman fuit; et son vainqueur s'avance !
}

(Le chœur des gardes se retire en chantant *decrescendo*.)
(Le chœur des villageoises s'approche en chantant *crescendo*.)

SCÈNE IV.

(Le canal se couvre de gondoles, remplies de jeunes villageoises parées pour la fête.)

CHŒUR DE VILLAGEOISES, *sur le canal.*

Chantons l'hymen! Chantons la paix!
Chantons de Florestan la victoire nouvelle!
Vainqueur, il obéit à l'amour qui l'appelle.
Quel triomphe pour un Français!

(Pendant ce chœur, toutes les villageoises descendent à terre.)

UNE VILLAGEOISE, *devant le palais d'Octavie.*

Veuve du Doge, dont les armes
Firent trembler le musulman,
Octavie a séché ses larmes,
En voyant son époux vengé par Florestan!

LE CHŒUR.

Octavie a séché ses larmes,
En voyant son époux vengé par Florestan!

(On entend au loin la trompette sonner.)

LA VILLAGEOISE, *regardant le palais.*
(Au chœur.)

Paix!... la voici!...

(Les portes du palais d'Octavie s'ouvrent ; elle paraît suivie de nobles vénitiennes.)

SCÈNE V.

Villageoises, OCTAVIE, Nobles vénitiennes.

OCTAVIE, *avec joie.*

Le ciel exauce ma prière !
Quel doux moment ! quel heureux jour !
Enfin je vais le voir ! la trompette guerrière
De Florestan vainqueur m'annonce le retour !

AIR.

Brave Français ! viens jouir de ta gloire !
Viens recevoir le prix de la victoire !
Mars désarmé sourit à notre amour !...
Loin de toi, si long-temps, dans les larmes,
Nuit et jour, j'ai vécu, j'ai langui !
Ton absence a causé mes alarmes.
Ton retour a chassé mon ennui !
Ah ! reviens, ô ma seule espérance !
Hâte-toi ; rends le calme à mon cœur !
Pour toi seul j'ai connu la souffrance ;
Par toi seul je renais au bonheur !...

(Elle reprend.)

Cher Florestan ! viens jouir de ta gloire !
Viens recevoir le prix de la victoire !

FIN DE L'AIR.

(La trompette sonne de plus près.)

CHOEUR GÉNÉRAL.

Chantons l'hymen ! chantons la paix !
Chantons de Florestan la victoire nouvelle !

FLORESTAN,

Vainqueur, il obéit à l'amour qui l'appelle.
Quel triomphe pour un Français!

(Les gondoles se séparent; on voit paraître au milieu d'elles le vaisseau amiral.)

SCÈNE VI.

Les mêmes, FLORESTAN, Officiers marins, Guerriers, Hérauts d'armes portant des trophées. (*Ils descendent tous à terre.*)

MARCHE GUERRIÈRE.

(Pendant cette marche, les hérauts d'armes présentent à Octavie les trophées de Florestan.)

DUO.

FLORESTAN à Octavie.

Daigne accepter, toi que j'adore,
Ces heureux gages de ma foi.
Je suis vainqueur, je te revoi;
Que puis-je désirer encore?
Avec justice à ta vertu
De mes lauriers je fais hommage;
Armé par toi, j'ai combattu,
Et mon triomphe est ton ouvrage.

OCTAVIE.

Tes lauriers, ô toi que j'adore,
Sont un présent bien doux pour moi.
Tu triomphes, je te revoi;
Que puis-je désirer encore?
Cher Florestan! aux champs d'honneur
L'amour a guidé ton courage.

ACTE I, SCÈNE VII.

Venise te doit son bonheur;
Et son triomphe est ton ouvrage!

OCTAVIE et FLORESTAN.

ENSEMBLE.

Cher Florestan! }
Chère Octavie! } aux champs d'honneur

L'amour a guidé $\genfrac{}{}{0pt}{}{\text{ton}}{\text{mon}}$ } courage.

Venise te doit son bonheur;
Et son triomphe est ton ouvrage!

FIN DU DUO.

SCÈNE VII.

Les mêmes, MARINS, MATELOTS, GONDOLIERS; Femmes de Gondoliers, Peuple, tenant des branches de laurier.

MARCHE TRIOMPHALE.

(On voit paraître des guerriers traînant un char de triomphe.)

CHOEUR GÉNÉRAL à *Florestan.*

Par toi de ses fiers ennemis
Venise ne craint plus la rage!
Elle est libre par ton courage;
De tes hauts faits voilà le prix.

(Ils lui présentent le char.)

FLORESTAN.

Que vois-je?... Guerriers! quel langage?

FLORESTAN,

UNE FEMME DE GONDOLIER.

Accepte cet honneur; il est digne de toi.
Ce char est un présent du peuple et d'Octavie.

FLORESTAN.

Je ne l'accepte pas.... En séduisant ma foi,
Guerriers, venez-vous contre moi
Prêter des armes à l'envie?...
Éloignez ce char triomphal!
Florestan, à l'honneur fidèle,
Veut devoir le prix de son zèle
A l'équité du tribunal!

CHOEUR GÉNÉRAL.

Éloignons ce char triomphal.
Des guerriers le parfait modèle
Veut devoir le prix de son zèle
A l'équité du tribunal.

(Les guerriers et le peuple se retirent, et disparaissent au fond avec le char.)

SCÈNE VIII.

FLORESTAN, OCTAVIE, suite d'Octavie au fond.

OCTAVIE.

Au tribunal tu vas paraître:
De Pezari crains le courroux!

FLORESTAN.

Moi, le craindre?

ACTE I, SCÈNE VIII.

OCTAVIE.

Apprends que le traître
De ta renommée est jaloux !

FLORESTAN *avec mépris.*

Jaloux ?

OCTAVIE.

Ah ! tremble !

FLORESTAN.

Moi ?

OCTAVIE.

Seul il commande en maître.
Il te hait, te poursuit, t'accuse !

FLORESTAN.

Je le sais !...

(Avec feu.)
Le cruel hait en moi tout, jusqu'au nom Français !
Son orgueil dès long-temps m'apprit à le connaître.
En m'ordonnant la fuite, il voulait me trahir.
J'ai dû combattre, vaincre et lui désobéir.

DUO.

OCTAVIE.

ENSEMBLE.
{
Le traître, envieux de ta gloire,
T'ordonnait de fuir le combat.
Ta valeur a sauvé l'état ;
Ne songe plus qu'à ta victoire !

FLORESTAN.

Le traître, envieux de ma gloire,
M'ordonnait de fuir le combat.
Ma valeur a sauvé l'état ;
Ne songe plus qu'à ma victoire !
}

FLORESTAN,

OCTAVIE.

O doux moment! il est vainqueur!
Ce mot rend la paix à mon cœur!

FLORESTAN.

Soliman fuit! je suis vainqueur!
Que la paix règne dans ton cœur!

OCTAVIE.

Entre l'espoir et les alarmes
Mon cœur fut long-temps partagé!

FLORESTAN.

Plus de frayeur! sèche tes larmes!
Par moi ton époux est vengé!...

ENSEMBLE.

OCTAVIE.	FLORESTAN.
Un traître, envieux de ta gloire,	Un traître, envieux de ma gloire,
T'ordonnait de fuir le combat!	M'ordonnait de fuir le combat!
Ta valeur a sauvé l'état;	Ma valeur a sauvé l'état;
Ne songeons plus qu'à ta victoire!	Ne songe plus qu'à ma victoire!

FIN DU DUO.

OCTAVIE.

A la fête de ton amie,
Florestan, tu vas assister?

FLORESTAN.

Aux tendres souhaits d'Octavie
Florestan peut-il résister?

(On entend dans la coulisse une musique de fête.)

(Florestan conduit Octavie sur l'estrade, où il s'assied avec elle.)

SCÈNE IX.

FLORESTAN, OCTAVIE, Nobles vénitiens et Vénitiennes, Villageois et Villageoises, Peuple.

BALLET.

CHOEUR DE VILLAGEOIS.

Charmante fête ! heureux asile !
Tout est joyeux ! tout est tranquille !
Tout respire dans ce séjour
La paix, le plaisir et l'amour !

DANSE VILLAGEOISE.

CHOEUR DE NOBLES.

Pour un amant, pour un guerrier,
Formons une double couronne.
Mars le commande, Amour l'ordonne.
Unissons le myrte au laurier.

DANSE NOBLE.

(Les villageois et les nobles se confondent.)

(*On danse généralement.*)

CHOEUR GÉNÉRAL.

Charmante fête ! heureux asile !
Tout est joyeux ! tout est tranquille !
Tout respire dans ce séjour ;
La paix, le plaisir et l'amour !

DANSE TRÈS-VIVE ET GÉNÉRALE.

(Au moment où le chant et la danse sont le plus animés, on entend tout à coup un grand bruit d'orchestre. Le ballet et les chœurs sont interrompus.)

SCÈNE X.

Les mêmes, ORSÉO, gardes du Conseil, sortant du bosquet.

ORSÉO, *en entrant.*

Suspendez soudain cette fête !
(A Florestan.)
Au tribunal qui vous attend,
Seigneur, suivez mes pas.

FLORESTAN.

Moi ?

ORSÉO.

Vous-même !... à l'instant !
Obéissez !... je vous arrête !

FLORESTAN.

Moi ?

LES CHOEURS DE FÊTE.

Notre sauveur ?

OCTAVIE.

Florestan ?
(Avec indignation.)
Voilà donc le prix du courage !
Quelle horreur ! quelle indignité !
Du conseil voilà l'équité !
Au vengeur de Venise il gardait cet outrage !

ACTE I, SCÈNE X.

LES CHŒURS DE FÊTE.

ENSEMBLE.
> Voilà donc le prix du courage !
> Quelle horreur ! quelle indignité !
> Du conseil voilà l'équité !
> Au vengeur de Venise il gardait cet outrage !
>
> ORSÉO ET LE CHOEUR DES GARDES.
>
> Quelle insolence, quel langage !
> Peuple ! du conseil irrité,
> Crains de braver l'autorité !
> Ah ! je vais à l'instant punir un tel outrage !

FLORESTAN.

(A Orséo.)

Garde-toi d'abuser d'un injuste pouvoir !

(Aux chœurs de fête.)

Amis ! rassurez-vous ; le conseil va me voir !

(Tirant son épée.)

Je jure...

ORSÉO, *l'interrompant.*

Donnez votre épée !

OCTAVIE ET FLORESTAN.

Du sang des musulmans elle est encor trempée !

LES CHŒURS DE FÊTE.

Du sang des musulmans elle est encor trempée !

FLORESTAN,

ORSÉO.

Donnez-moi ce fer!

FLORESTAN.

Non!....

ORSÉO, *aux gardes.*

Soldats!

Les gardes font un mouvement pour désarmer Florestan. Les chœurs de fête en font un contraire pour le défendre.)

LES CHOEURS DE FÊTE, *aux gardes.*

Barbares, ne l'approchez pas!
Lâches instrumens de l'envie!
Avant de désarmer son bras,
Vous nous arracherez la vie!

ENSEMBLE. ORSÉO ET LE CHOEUR DES GARDES, *au peuple.*

Rebelles! ne résistez pas!
Calmez votre aveugle furie!
Si vous osez faire un seul pas,
Tremblez! il y va de la vie!

ORSÉO, *à Florestan.*

Rendez cette arme!

LE CHOEUR DE FÊTE, *au même.*

Non!

ORSÉO.

Rendez-la! rendez-la!

ACTE I, SCÈNE X.

FLORESTAN et LE CHOEUR DE FÊTE.

Non ! non !

(Les gardes font un mouvement, en tournant leurs armes contre le peuple.)

ORSÉO.

Rendez-la donc, malheureux !

FLORESTAN, *brisant son épée.*

La voilà !...

(Il la jette rompue aux pieds d'Orséo. Un garde la ramasse.)

OCTAVIE ET LES CHOEURS DE FÊTE.

ENSEMBLE.
{
O ciel ! j'admire son courage !
Mais je frémis de son danger !

ORSÉO et LES GARDES.

Quelle audace ! d'un tel outrage
Le tribunal va se venger !
}

ORSÉO, *à Florestan.*

Suivez-moi !

FLORESTAN, *avec calme.*

Je te suis ! le conseil va m'entendre !

OCTAVIE.

Au conseil qui peut te défendre ?

FLORESTAN, *à Octavie.*

Ma gloire !... Calme toi !... Gardes ! suivez mes pas.

(Il sort.)

FLORESTAN,

OCTAVIE, *avec un cri.*

Florestan ! Florestan ! Je ne te quitte pas !...

(Octavie se jette au 'milieu des gardes, qui la repoussent et emmènent Florestan.)

SCÈNE XI.

OCTAVIE, Chœurs de fête.

OCTAVIE, *hors d'elle-même.*

On l'entraîne!... on m'arrête!... ô cruelle souffrance!...
Quand l'autel... était prêt... Florestan!... je te perds?...
Après tant de hauts faits,... ô ciel!... pour récompense,
　　Les cruels... te donnent... des fers !...

OCTAVIE ET LES CHŒURS DE FÊTE.

Des fers pour prix de ta victoire !
Florestan ! à quel sort te vois-je réservé !
Lorsque par ta valeur mon pays est sauvé,
　　Ils vont te punir de ta gloire !

SCÈNE XII.

Chœur de fête, OCTAVIE, Chœur des Guerriers.

LE CHŒUR DE GUERRIERS, *accourant.*

Punir? qui donc?

OCTAVIE, *avec indignation.*

Votre amiral !

ACTE I, SCÈNE XII.

LE CHOEUR DES GUERRIERS.

Le brave Florestan?

OCTAVIE.

Lui-même !
La mort l'attend au tribunal !...—

LE CHOEUR DES GUERRIERS.

La mort !...—

CHOEUR GÉNÉRAL.

Quelle injustice extrême !

OCTAVIE *avec intrépidité*.

Peuple ! guerriers ! laisserez-vous périr
    Le vengeur de votre patrie ?
Jurez, jurez de défendre sa vie,
    De le sauver ou de mourir !

CHOEUR GÉNÉRAL.

SERMENT.

Non ! non !... Jamais nous ne verrons périr
    Le vengeur de notre patrie !
Jurons, jurons de défendre sa vie !
    Courons le sauver ou mourir !

(Ils sortent tous très-vivement ; Octavie marche à leur tête.)

FIN DU PREMIER ACTE.

ACTE II.

La scène se passe dans la première enceinte du tribunal. On y remarque des statues de Doges, de Guerriers, et des tableaux représentant les faits d'armes de Venise. Au fond, un grand rideau de velours noir, à franges d'argent, cache la salle du Conseil des Dix. Près du rideau, une porte secrète, qui, lorsqu'elle s'ouvre, laisse voir le Pont des Soupirs. Deux entrées latérales ; sur l'avant-scène deux sièges ; au milieu un banc.

SCÈNE PREMIÈRE.

NORADIN, quatre esclaves.

(Nota. Les esclaves sont noirs ; Noradin est couleur de cuivre.)

Ils entrent par la porte secrète. Noradin paraît le dernier. Les esclaves, l'épée nue à la main, se placent devant le rideau, où ils restent en sentinelle.

(Grand bruit d'orchestre.)

NORADIN, *s'arrêtant sur la porte, et regardant en dehors.*
(Effrayé.)
Quels cris affreux, au loin, ai-je entendus!.. je tremble!

ACTE II, SCÈNE II.

Vers le Pont des Soupirs quel guerrier est traîné ?...

(Fermant la porte, et allant vers l'avant-scène.)

Déjà dans ce palais le tribunal s'assemble.
Il attend le coupable à la mort destiné.
Quel est donc cet infortuné ?

(Il regarde autour de lui.)

STANCES à demi-voix.

1ère.

Dans cette enceinte redoutable
Malheur à qui porte ses pas !
L'innocent, comme le coupable,
Y peut entrer !... il n'en sort pas !

2e.

J'étais libre ; je suis esclave !
Sur les rivages africains
Je commandais un peuple brave ;
Ici je sers... des assassins !

3e.

Hélas ! si loin de ma patrie,
Enfermé, je maudis mon sort !
Malheureux ! je souffre la vie,
Où tant d'autres... trouvent la mort !

Florestan ! c'est toi seul qui causes ma misère !
Par toi, sur mon vaisseau, j'ai vu périr mon père !...

FLORESTAN,
Tu retins le soldat tout prêt à m'égorger.
Le trépas eût fini mes peines !
Tu m'a laissé la vie, et m'as chargé de chaînes !
Ah ! si je pouvais me venger !

(On entend une musique sombre et mystérieuse qui annonce l'arrivée de Pezari.)

On vient !.. l'inquisiteur ?... vers ces lieux il s'avance !
Éloignons-nous !...

(Il sort par la porte secrète.)

SCÈNE II.

PEZARI, les quatre esclaves, en sentinelle au fond.

PEZARI *rêveur et agité, en entrant à droite.*

Enfin il est en ma puissance !...
Venise ! en vain tu veux arrêter ma vengeance !
Tremble sous tes lauriers, superbe Florestan !
Je te hais ! il suffit ; le supplice t'attend !

(Voyant les conseillers qui entrent des deux côtés.)

Marcello ne vient point !... au conseil qui s'avance
Hâtons-nous d'inspirer mon indignation !

SCÈNE III.

Les mêmes, ORSÉO, Conseillers des Dix,
Gardes au fond.

(Orséo tient à la main l'épée rompue de Florestan.)

PEZARI *aux conseillers qui se rangent des deux côtés.*

(Avec courroux.)

Un rebelle étranger, dont l'orgueil nous offense,
A livré le combat malgré notre défense.
Juges! pardonnez-vous à sa rébellion?

LE CHOEUR DES CONSEILLERS.
ENSEMBLE.
Non!

PEZARI.

Un traître énorgueilli d'un peu de renommée,
Pour nous perdre, séduit et le peuple et l'armée.
Juges! pardonnez-vous à son ambition?

LE CHOEUR DES CONSEILLERS.
ENSEMBLE.
Non!

PEZARI.

Le ciel, le juste ciel vous livre la victime.
Pour la sauver, le peuple a fait un vain effort.
Le coupable est aux fers....

(Désignant l'épée rompue.)

FLORESTAN,

Vous connaissez son crime !...
Juges ! quel châtiment ordonnez-vous ?

LE CHOEUR DES CONSEILLERS.

La mort !!...

(On entend une ritournelle qui annonce l'entrée du président.)

PEZARI.

Le président paraît !... modérez ce transport.

SCÈNE IV.

Les mêmes, MARCELLO, Gardes.

MARCELLO, *en entrant.*

Florestan arrêté ? quelle fureur extrême !

PEZARI.

Seigneur ! vous frémissez ?

MARCELLO, *à Pezari.*

Je frémis pour vous-même !...

AIR.

De Florestan quels sont donc les forfaits ?
Vous l'accusez ?... Moi, je viens le défendre !
Peut-on condamner sans l'entendre
Le héros qui nous rend la paix ?

ACTE II, SCÈNE IV.

De Soliman si la horde sauvage
Jusqu'en ces murs eût porté le ravage,
A quels destins étions-nous réservés?
  Florestan seul nous a sauvés!
  Contre un Français si magnanime
  Pourquoi montrer tant de courroux?
  Il a combattu malgré nous?
  Je vois sa gloire et non son crime.
  Il est vainqueur; il est absous!

FIN DE L'AIR.

PEZARI, *avec fureur.*

Sa désobéissance, envers nous criminelle,
  De sa gloire a terni l'éclat.
Dans Florestan je ne vois qu'un rebelle.

MARCELLO, *à Pezari.*

Je vois toujours en lui le vengeur de l'état!...

(Aux conseillers.)

Magistrats! quel motif arme votre furie?
Du joug des musulmans affranchir la patrie,
  Est-ce à vos yeux un attentat?
  Je n'excuse point son audace;
Mais, avant de dicter son arrêt ou sa grâce,
Je veux l'interroger, et lire dans son cœur....

    (Pezari fait un mouvement.)

(A Pezari.)

  Calmez-vous. Prenez votre place.

FLORESTAN,
Ah !.si vous oubliez sa gloire, sa valeur,
En lui daignez au moins respecter le malheur !

(A Orséo.)

Qu'on l'amène.

(Orséo sort par le fond avec les gardes.)

PEZARI, *avec feu.*

Je vais...

MARCELLO, *l'interrompant.*

Faut-il vous le redire ?
Je veux l'interroger. Ce mot doit vous suffire.
Ne m'interrompez pas !

(Marcello et Pezari s'asseyent sur les deux siéges, et les conseillers sur le banc. Orséo est debout, l'épée rompue à la main. Les gardes sont au fond.)

SCÈNE V.

MARCHE LUGUBRE.

(Pendant cette marche, les gardes conduisent Florestan devant le conseil.)

ORSÉO, MARCELLO, PEZARI, Conseillers, assis ; **FLORESTAN,** Gardes au fond.

MARCELLO.

Approchez, Florestan.
Ne redoutez ici que le Dieu qui m'entend :
Écoutez sans frayeur et répondez sans feinte.

ACTE II, SCÈNE V.

FLORESTAN, *avec calme.*

Moi ?... Je hais le mensonge. Incapable de crainte,
Mon cœur ne la connut jamais !

MARCELLO.

Il suffit... : du conseil la sage prévoyance
D'attaquer l'ennemi vous avait fait défense.
Le saviez-vous ?

FLORESTAN.

Je le savais !

MARCELLO.

Est-ce avant le combat ?

FLORESTAN.

Non : pendant la victoire !

MARCELLO.

Avez-vous obéi ?

FLORESTAN.

Non : aux champs de la gloire
Je n'ai vu que l'honneur, c'est la loi d'un Français !...

MARCELLO.

Puis-je approuver en vous la désobéissance ?

FLORESTAN.

Oui ! par elle à l'état j'ai rendu sa puissance !

MARCELLO.

Quoi! pour justifier votre témérité...

FLORESTAN, *l'interrompant.*

Je n'ai qu'un mot : le ciel a rempli mon attente.
Loin de Venise triomphante,
Soliman fuit épouvanté !

PEZARI, *avec fureur.*

Quel orgueil !

MARCELLO, *avec calme.*

(A Pezari.)

Quelle violence !
Modérez ces tranports ; et gardez le silence !...

(Pezari se contraint et se tait.)

(A Florestan.)

Poursuivez :... Contre vous justement irrité,
Quand le tribunal vous appelle,
Pourquoi vous a-t-on vu si long-temps arrêté
Au milieu d'un peuple rebelle ?

FLORESTAN.

Rebelle ? ah ! ne l'accusez pas !
Il n'a point arrêté mes pas,

(Jetant un coup d'œil sur Pezari.)

Seigneur ! j'ai dû céder, en dépit de l'envie,

ACTE II, SCÈNE V.

Au plaisir de voir Octavie.
Après cinq ans d'absence, en ces lieux de retour,
Tout entier au feu qui m'anime,
J'ai cru que je pouvais sans crime
Offrir mes lauriers à l'amour.

PEZARI, *hors de lui.*

A l'amour?...

MARCELLO.

Pezari?...

PEZARI, *se levant furieux.*

Je ne puis plus me taire !

(Aux conseillers.)

Vous ne souffrirez pas qu'un guerrier téméraire
Impunément cache à nos yeux
Tous ses projets ambitieux !
Oui, juges! ce rebelle, orgueilleux de sa gloire,
Veut à notre pouvoir opposer sa victoire !...—

(Désignant l'épée rompue.)

Voilà le sûr garant de son audace !...

(A Florestan.)

Eh bien !
Accusé, qu'avez-vous à répondre ?

FLORESTAN, *à Pezari.*

A toi?..rien!..—

PEZARI.

Parlez !

(Florestan se tait.)

LES CONSEILLERS.

Parlez! parlez!

FLORESTAN.

Non !

PEZARI.

       Juges! son silence
Est pour le tribunal une nouvelle offense.

MARCELLO, *se levant.*

Je te l'ordonne, Florestan !
Au conseil réponds à l'instant !

FLORESTAN, *à Marcello.*

(Avec noblesse.)

Je réponds à vous seul, à vous dont je révère
La prudence éclairée et l'équité sévère....—

(Avec fureur.)

Non au juge insolent qui sans honneur, sans foi...

PEZARI.

(L'interrompant avec rage.)

Téméraire !... Quel est ce juge insolent?

FLORESTAN, *à Pezari.*

         Toi !... —

(Violens murmures dans le conseil.)

PEZARI.

Misérable !

ACTE II, SCÈNE V.

LE CHOEUR DES CONSEILLERS, *se levant à la fois.*

Ciel! quel outrage!

MARCELLO.
(A Florestan.)

Malheureux! quel est ce langage?
De ton audace j'ai frémi!
Commande au trouble qui t'égare.
Ah! respecte ton juge!

FLORESTAN.

Il est mon ennemi!

PEZARI *troublé.*

Moi?

FLORESTAN.

Toi-même, barbare!
Oui : tu me hais. Je lis dans le fond de ton cœur.
Tu me haïrais moins, si je n'étais vainqueur!...—

AIR.

Oui; de ma gloire qui t'offense,
Tu veux que ma mort soit le prix!
Cruel! j'ai répondu d'avance
A tes fureurs par le silence,
A ta haine par le mépris!
Tigre! satisfais ta colère!
De ta lâche férocité

FLORESTAN,
Un Dieu te garde le salaire.
Barbare! de la vérité
Le flambeau tôt ou tard éclaire
L'équitable postérité
De ta lâche férocité
Un Dieu te garde le salaire !...
Ah ! je t'implore en périssant;
Entends ma voix, Dieu tout-puissant !
C'est ton tonnerre que j'appelle
Sur mon perfide accusateur !
Frappe la tête criminelle,
Du juge prévaricateur !

<small>Fin de l'air.</small>

(Florestan va pour sortir.)

PEZARI, *aux esclaves.*

Qu'on l'entraîne !...

(Les quatre esclaves noirs saisissent et emmènent Florestan. Ils sortent avec lui par la porte secrète. Orséo les suit.)

SCÈNE VI.

PEZARI, MARCELLO, CONSEILLERS, Gardes.

PEZARI, aux conseillers.

Quelle insolence !

MARCELLO, *en lui-même.*

Quel courage ! quelle constance !

ENSEMBLE.

LE CHOEUR DES CONSEILLERS.

Vengeance ! vengeance ! vengeance !

LE CHOEUR DES GARDES.

Clémence ! clémence ! clémence !

SCÈNE VII.

Les mêmes, ORSÉO, Gardes du conseil.

ORSÉO *accourant.*

Magistrats ! j'ai vu vers ces lieux
Accourir un peuple en furie.
A la tête des factieux,
J'ai vu s'avancer Octavie !

PEZARI, *troublé.*

Octavie... oserait... au mépris de sa vie...

ORSÉO.

Oui, seule, avec courage affrontant le trépas,
Vers cette auguste enceinte elle porte ses pas.

PEZARI.

Sans notre ordre?

LE CHOEUR DES CONSEILLERS.

Une femme?... Ah! quel est ce mystère?
Oser se montrer à nos yeux!

PEZARI.

Fuyons son aspect odieux!

MARCELLO *à Pezari.*

Ah! contre elle, cruel, d'où naît votre colère?...
Vous l'avez entendu.... Florestan sut lui plaire.
Sans doute elle pleure son sort;
Pourquoi refuser de l'entendre?

PEZARI et LE CHOEUR DES CONSEILLERS.

Elle vient le défendre :
Elle hâte sa mort!

Le rideau du fond s'ouvre. Pezari et les conseillers entrent dans la salle du conseil. Orséo les suit. Dès qu'ils sont entrés, le rideau se referme. Les gardes se rangent en haie devant le rideau.)

SCÈNE VIII.

MARCELLO, OCTAVIE, Gardes.

OCTAVIE *accourant échevelée*.

(Aux gardes qui veulent la retenir.)
Vous m'arrêtez en vain!...

(A Marcello.)
Ah! seigneur! grâce! grâce!..

MARCELLO.

Il n'est plus temps!...—

OCTAVIE *avec intrépidité*.

Ce mot m'a rendu mon audace!..—

DUO.

OCTAVIE.

Le vainqueur de Solimàn
Va par vous perdre la vie!
L'assassin de Florestan
Doit immoler Octavie!

MARCELLO.

L'assassin de Florestan?
Moi!... quelle erreur!... Octavie!
Du vainqueur de Soliman
Je voudrais sauver la vie!

FLORESTAN,

OCTAVIE.

Vous! le sauver? qu'ai-je entendu?

MARCELLO.

Au conseil j'ai pris sa défense.

OCTAVIO.

Qui? vous?...

MARCELLO.

J'ai fait ce que j'ai dû.
Oui, je crois à son innocence.
Calmez votre frayeur. Comptez sur mon secours.
Le sénat m'attend, et j'y cours.
Il va du tribunal révoquer la sentence.... —

ENSEMBLE.

OCTAVIE.	MARCELLO.
Ah! du plus vaillant des guerriers	Oui, du plus vaillant des guerriers
En vain le trépas s'apprête!	En vain le trépas s'apprête!
On respectera sa tête;	Je cours protéger sa tête;
Elle est couverte de lauriers!	Elle est couverte de lauriers!

FIN DU DUO.

(Marcello sort vivement à droite. Octavie va pour le suivre; elle est arrêtée par les gardes.)

(Pezari rêveur rentre par la porte secrète.)

SCÈNE IX.

OCTAVIE, PEZARI.

OCTAVIE.

Ciel! Pezari! vers moi le barbare s'avance!

(Elle recule d'horreur à sa vue.)

(Pezari, tout entier à sa profonde rêverie, s'approche lentement, et sans voir Octavie.)

PEZARI.

Noradin va me suivre!.. assurons ma vengeance! Que la victime...

OCTAVIE *se présentant devant lui.*

Frappe! elle est devant tes yeux!

PEZARI.

Vous, madame?... Osez-vous paraître dans ces lieux? Tremblez!

OCTAVIE.

Je crains peu pour ma vie! Ta main à Florestan doit unir Octavie!

PEZARI *avec fureur.*

A Florestan!...

OCTAVIE.

Eh bien! achève : n'est-il plus?

(Agitation et ensuite calme dans l'orchestre.)

FLORESTAN,

PEZARI, *se reprenant, avec bonté.*

Dis un mot, Octavie, et ses fers sont rompus.

OCTAVIE.

Par qui?

PEZARI.

Par moi.

OCTAVIE *stupéfaite.*

Par toi?...—ma surprise est extrême!
Tu ne m'abuses pas? quoi? du héros que j'aime,
Tu n'es point l'ennemi?

PEZARI *avec feu.*

Moi?...—Je suis son rival!

OCTAVIE, *reculant d'horreur.*

Toi! qui, toi, son rival?

PEZARI.

Je le suis! je t'adore!
Pour l'heureux Florestan connaissant ton amour,
Je t'ai caché jusqu'à ce jour
Le feu cruel qui me dévore...—
Mon rival est jugé; mais il respire encore.
C'est à toi de l'absoudre ou de le condamner.
Parle : dois-je écouter l'amour ou la justice?
Sa vie est dans tes mains. C'est à toi d'ordonner
Ou son triomphe ou son supplice.

(Il va pour se jeter aux pieds d'Octavie ; elle le relève et le repousse avec mépris.)

OCTAVIE.

AIR.

Mon choix est fait!... Oui : connais-moi!
A ta vengeance je me livre.
Je vois ta rage sans effroi.
Florestan meurt; je veux le suivre!... —
Voilà donc ce complot fatal!
Voilà donc cet affreux mystère !
Juge assassin ! à ton rival
Tu veux que mon cœur te préfère !
Jamais !... Je subirai le sort
Du héros que poursuit ta rage.
Achève, achève ton ouvrage :
Je n'attends de toi que la mort.

FIN DE L'AIR.

(Elle sort vivement et égarée par le fond.)

(Noradin paraît à la tête des gardes qui entourent Octavie.)

PEZARI *aux gardes*.

(Furieux.)

Veillez sur elle!... allez!...

(Les gardes emmènent Octavie, et sortent avec elle.)

Toi, Noradin, demeure....—

(Noradin se met à l'écart, et écoute sans être vu.)

SCÈNE X.

TRÈS-RAPIDE.

PEZARI, NORADIN.

PEZARI, *dans la plus grande agitation.*

(S'éloignant de Noradin.)

Ingrate!.. tu le veux... soit: j'y consens... qu'il meure!..
Tu seras satisfaite avant la fin du jour....
Mes ordres sont donnés...

(Réfléchissant.)

L'aveu de mon amour
Ne peut me devenir funeste.
Tu vivras dans les fers, et mon secret me reste!...—

(Il rêve profondément.)

(Noradin, à part, fait un mouvement qu'il réprime aussitôt.)

(En lui-même.)

Que dis-je? Marcello, dans ce moment fatal,
Du rebelle, au sénat, embrasse la défense.
Oh! s'il allait du tribunal
Faire révoquer la sentence!...

(Avec fureur.)

Prévenons-le!... Soudain assurons ma vengeance!...—

(A Noradin.)

Le conseil te demande un service important.
Avec de riches dons la liberté t'attend.

ACTE II, SCÈNE X.

NORADIN.

La liberté suffit... Seigneur, que faut il faire?

PEZARI.

Il faut punir un téméraire.

NORADIN.

Punir! qui donc?

PEZARI.

Florestan.

NORADIN *avec fureur*.

Florestan?
C'est lui qui cause ma misère!
C'est lui qui m'a ravi mon père!

PEZARI.

Je le sais!... ton courroux m'est garant de ta foi.
Au conseil j'ai vanté le zèle qui t'anime.
Sois libre et venge-nous!

NORADIN.

Seigneur, comptez sur moi!

PEZARI.

Dans le cachot de la victime,
Seul, en secret, tu seras introduit.

FLORESTAN,
Tu le frapperas...

(Lui donnant un poignard.)

Cette nuit !...

(Noradin frémit en regardant le poignard.)

Obéis... ou tu meurs !...

(Pezari l'observe un moment, et sort par le fond.)

SCÈNE XI.

NORADIN, *seul, le poignard à la main.*

Dieu !... pour venger un père,
Faut-il devenir assassin ?...
D'un poignard armer Noradin !...

(Après avoir regardé autour de lui.)

Juge cruel !... je conçois sa colère.
Il cache aux yeux du tribunal
Les transports de l'amour, les fureurs de l'envie !
J'ai surpris son secret.... Il adore Octavie !
Dans Florestan il poursuit son rival !...

(Irrésolu et réfléchissant.)

Nature !... honneur !... que faire en ce moment fatal ?

Air agitato.

O ciel !... de ma juste furie
Comment... réprimer... le transport ?...
J'entends... mon père... qui me crie :
Brise tes fers !... venge ma mort !...

ACTE II, SCÈNE XII.

(Avec joie.)

Ah ! que je suis... heureux d'avance...
De m'affranchir... d'un joug fatal !...
Je vois d'ici... le toit natal...,
Et le berceau... de mon enfance !...

(Avec fureur.)

Allons !... j'obéis... à ta loi !...
Je cède... au courroux... qui t'anime !...
Je cours... immoler... la victime !...
Ombre sacrée !... apaise toi !

FIN DE L'AIR.

(Derrière le rideau, dans la chambre secrète, on entend une musique sombre et terrible.)

(LE THÉÂTRE S'OBSCURCIT PEU À PEU.)

SCÈNE XII.

NORADIN, sur l'avant-scène ; PEZARI, ORSÉO, CONSEILLERS, Gardes du Conseil, derrière le rideau.

CHOEUR DES CONSEILLERS.

(On ne les voit pas.)

Il va périr !... la nuit s'avance !...

(Fort mouvement d'orchestre.)

(Le rideau du fond s'ouvre.)

NORADIN, *frémissant et regardant le fond.*

Le tribunal paraît !... silence !...

(Il reste immobile sur l'avant-scène.)

(On voit Pezari et les conseillers assis autour d'une table. Orséo est debout. Les gardes sont en dehors. Marcello est seul absent. L'intérieur du tribunal est très-éclairé ; et le reste du théâtre dans la plus profonde obscurité.)

FLORESTAN,

PEZARI, *se levant*, *seul*.

Juges ! enfin , n'en doutez pas !
Florestan contre nous conspire !
Il veut renverser notre empire !
Jurez, jurez tous son trépas !!...

(Noradin est égaré et hors de lui.)

(Les conseillers furieux se lèvent tous. Orséo et les gardes tirent leur épée.)

PEZARI et LES CONSEILLERS ; ORSÉO et les Gardes.

SERMENT.

ENSEMBLE.
Nous le jurons !... n'en doutons pas !
Florestan contre nous conspire !
Il veut renverser notre empire !
Jurons, jurons tous son trépas !

NORADIN *sur l'avant-scène*.

(Égaré.)

Mon père !... viens !... guide mon bras !...
Il m'apparaît !... ciel !... il soupire !...
Ce cri plaintif me doit suffire !
Allons !... Florestan !... tu mourras !...

(A la reprise, Pesari , Orséo , avec les conseillers et les gardes , accourent furieux du fond, et viennent sur l'avant-scène achever le serment ; Noradin , hors de lui , jure avec eux.)

ENSEMBLE avec NORADIN.

Jurons, jurons tous son trépas !!...

(Ils sortent tous furieux ; Noradin égaré les suit.)

FIN DU SECOND ACTE.

ACTE III.

Le théâtre, qui ne s'étend que jusqu'au troisième plan, représente l'intérieur d'un cachot souterrain, où luit à peine une lampe sépulcrale. On y descend par un escalier haut et rapide. On y remarque, parmi divers instrumens de supplice, un banc de pierre, avec carcan et chaînes; il est au premier plan; au fond est une trappe dont l'ouverture répond au canal qui passe sous la prison, et que l'on aperçoit par un soupirail long, étroit, grillé et au niveau du sol. Au bout de l'escalier, l'entrée du cachot, avec grosse serrure et verroux.

SCÈNE PREMIÈRE.

FLORESTAN, *seul sur le banc de pierre, enchaîné.*

AIR.

C'en est donc fait ; je vais perdre la vie.
  Calme, insensible à mon malheur,
En périssant, ô ma chère Octavie !
  Je ne songe qu'à ta douleur.
Plus d'espérance ! en cet affreux abîme,
  L'envie a creusé mon tombeau.
    Ah ! de ma gloire innocente victime,

FLORESTAN,

Je meurs de la main d'un bourreau!...
Ma gloire reste!... à ta patrie
Soliman ne fait plus la loi.
Venise est libre!... ô ma chère Octavie!
De mon trépas console-toi!

FIN DE L'AIR.

(Regardant autour de lui, et prêtant l'oreille.)

Autour de mon cachot règne un profond silence.
Ce silence est la mort!... Sans espoir, sans défense,
Je vais la voir ici vers moi porter ses pas.

(Se levant.)

Couvert d'une noble poussière,
Je la cherchais dans les combats!...

(Retombant sur le banc.)

Attendons-la sur cette pierre ;
L'innocence ne la craint pas!

(Florestan se couche sur le banc, et s'endort le dos tourné vers la porte. Musique calme et suave, qui exprime le sommeil paisible de l'innocence.)

SCÈNE II.

MARCHE MYSTÉRIEUSE ET FUNÈBRE.

(NOTA. Pendant cette marche, on entend l'horloge de la prison sonner minuit. Aussitôt après la douzième heure, un fort mouvement d'orchestre annonce l'entrée de Noradin.)

(LA PORTE DE LA PRISON S'OUVRE.)

FLORESTAN endormi, NORADIN, Gardes hors de la porte de la prison.

NORADIN, *s'arrêtant au haut de l'escalier.*

Demeurez là, soldats, et veillez en silence !
J'entrerai seul, armé du fer de la vengeance !
  Du tribunal telle est la loi.

(Les gardes se retirent silencieusement ; la porte se ferme sur eux, on ne les voit plus.)

SCÈNE III.

FLORESTAN, NORADIN.

NORADIN, *descendant l'escalier.*

Florestan !... c'en est fait ;... plus de pitié pour toi !...
N'hésitons plus !.. cédons... au courroux qui m'anime !..
Malheureux !... à mon père... il est temps d'obéir !....
Expirant... sous mes coups... tombe au fond de l'abîme
  Qui dans ses flots va t'engloutir !...
  Cette lampe à peine m'éclaire !...
  Où le trouver ?... ah ! je le vois !...

(S'arrêtant au bas de l'escalier.)

  Où suis-je ?... L'ombre de mon père
Me marque la victime, et marche devant moi !

FLORESTAN,

(S'arrêtant encore, et contemplant de loin Florestan.)
(A voix basse.)
Dans les fers, calme, immobile?
Ah ! quelle sécurité !
Quand la victime est tranquille,
L'assassin est agité !...

(Il écoute.)

Pas un mot?... pas une plainte?...
Braver ainsi le trépas !...

(S'approchant et se plaçant devant Florestan.)

A ma vue il est sans crainte?

(Ronflement dans l'orchestre.)

(Bas.)

Il dort !... ne l'éveillons pas !...

(Il va pour le frapper, et s'arrêtant le bras levé :)

Malgré moi mon bras s'arrête?
Mon cœur frémit éperdu?
Par quel charme sur sa tête
Le fer est-il suspendu?...
Il m'a privé de mon père !
Il mérite le trépas !
N'écoutons que ma colère !

(Haut.)

Frappons !... ne l'éveillons pas !...

(Il fait le mouvement pour le tuer.)

FLORESTAN, *s'éveillant.*

Que vois-je? mon bourreau !...

ACTE III, SCÈNE III.

NORADIN, *frémissant de fureur.*

Ton bourreau ?... je m'égare !...
Oui :... je le suis !... connais... Noradin !

FLORESTAN, *avec calme.*

Noradin ?...
Contente-toi... frappe, barbare !...
Qu'attends-tu donc ? voilà mon sein.
(*Découvrant sa poitrine.*)
Frappe, te dis-je !

NORADIN, *en lui-même.*

Quel courage !...
Il brave le courroux dont je suis animé !

FLORESTAN.

Immole ton vainqueur ; son bras est désarmé !

NORADIN.

Désarmé !... par ce mot il enchaîne ma rage !

FLORESTAN.

Venge, venge ton père !

NORADIN, *avec feu et noblesse.*

Il est mort au combat !
Je ne puis le venger par un assassinat ! !...
(Il jette son poignard, et détache les fers de Florestan.)

FLORESTAN.

Que fais-tu, malheureux?... Ah! tremble qu'on ne vienne !..

NORADIN, *à voix très-basse.*

Paix ! !... tu sauvas ma vie, et je sauve la tienne !

DUO *en sourdine et très-rapide.*

FLORESTAN.

La garde veille autour de moi !
Du tribunal redoute la vengeance !

NORADIN.

Je ne puis craindre que pour toi !
Du tribunal je brave la vengeance !

FLORESTAN.

Toi !... quel est ton projet ?

NORADIN.

Silence !!...

(Regardant autour de lui.)

On me l'a dit.... Il est ici
Pour tous deux une issue.

FLORESTAN.

Pour tous deux une issue !

NORADIN.

Où des bourreaux je puis tromper la vue....

ACTE III, SCÈNE IX.

Des ennemis et de l'envie
Florestan triomphe à jamais !

SCÈNE IX.

Les mêmes, FLORESTAN, NORADIN, Sénateurs,
Nobles vénitiens et Vénitiennes.

(Florestan, en costume de triomphateur, est conduit sur l'avant-scène, monté sur un char qui est traîné par de jeunes guerriers. Noradin, en habit de prince africain, marche à côté du char, autour duquel on exécute un ballet de grâce.)

BALLET.

FLORESTAN, *après le ballet, à Noradin.*

(Descendant du char.)

Sans toi dans un cachot j'allais perdre la vie.
Ami ! je crois à peine à tout ce que je vois !

(Regardant autour de lui.)

En ce moment que devient Octavie !
Elle n'est point auprès de moi !

FLORESTAN,

SCÈNE X ET DERNIÈRE.

Les mêmes, OCTAVIE, MARCELLO, Gardes du Sénat.

OCTAVIE *accourant*.

Florestan!

FLORESTAN *allant au-devant d'elle*.

Octavie!

FLORESTAN et OCTAVIE.
ENSEMBLE.

O moment enchanteur!

(Ils s'embrassent avec transport, et se jettent ensuite dans les bras de Noradin.)

FLORESTAN *et* OCTAVIE.

QUATUOR.

Dieu! tu rends l'espérance
Et la paix à mon cœur.
Après tant de souffrance,
Je trouve le bonheur!

MARCELLO et NORADIN.

Dieu! tu rends l'espérance
Et la paix à leur cœur.
Après tant de souffrance,
Ils trouvent le bonheur!

MARCELLO.

Respirez, heureuse Octavie!

ACTE III, SCÈNE III.

FLORESTAN.

Où des bourreaux tu peux tromper la vue !

NORADIN.

Cherchons !

FLORESTAN.

Cherchons !...

(Ritournelle très-vive et très-agitée, pendant laquelle ils parcourent le théâtre, l'un à droite, l'autre à gauche.)

NORADIN, *près de la trappe.*

Ah !... la voici !...

(Bas, avec joie.)

Florestan !

FLORESTAN, *de l'autre côté.*

(De même.)

Noradin !

NORADIN, *courant à lui.*

Viens !... suis mes pas !... courage !...

(L'amenant au bord de la trappe.)

ENSEMBLE.
{ Au fond de ce gouffre infernal...

FLORESTAN.

Au fond de ce gouffre infernal !...

FLORESTAN,

NORADIN.

ENSEMBLE. {
Entends-tu mugir le canal?
FLORESTAN.
Oui ! j'entends mugir le canal !
}

NORADIN.

ENSEMBLE. {
C'est là que tous deux, à la nage...
FLORESTAN.
C'est là que tous deux, à la nage !
}

NORADIN.

ENSEMBLE. {
Nous pouvons gagner le rivage !...
FLORESTAN.
Nous pouvons gagner le rivage !...
}

ENSEMBLE.

Loin des argus du tribunal!...

NORADIN, *voulant l'entraîner dans la trappe.*

Viens ! fuis le traître qui t'opprime !

FLORESTAN, *s'éloignant de la trappe.*

ENSEMBLE. {
Non!... à ton dévouement sublime,
Florestan ne peut consentir !
NORADIN, *courant à lui.*
Je suis la première victime,
Si tu refuses de sortir !
}

ACTE III, SCÈNE III.

FLORESTAN.

ENSEMBLE.
{
Par toi, dans ces momens funestes,
Mes cruels bourreaux sont bravés?

NORADIN.

Avec toi je meurs, si tu restes!
Suis mes pas, nous sommes sauvés!
}

Viens !
(Il veut l'entraîner vers la trappe.)

FLORESTAN, *résistant.*

Je tremble pour toi !

NORADIN.

Tremble pour Octavie !
Par ton juge elle t'est ravie !

FLORESTAN.

Par mon juge ?

NORADIN.

Il est ton rival !...

FLORESTAN, *avec un cri de fureur.*

Mon rival ?... Pezari !!...

NORADIN, *lui mettant la main sur la bouche.*

Paix !... malheureux !... silence !
Le moindre bruit nous est fatal !...
(Ils jettent tous deux les yeux sur la porte de la prison qui ne s'ouvre pas.)
(Tombant à la fois à deux genoux.)

FLORESTAN,

INVOCATION.

ENSEMBLE.

O divine Providence !
Guide nos pas !
Pour assurer ${ma \atop sa}$ vengeance,

Arme ${mon \atop son}$ bras !

(Ils se précipitent ensemble dans les flots.

LA PRISON DISPARAÎT.

(On entend aussitôt une musique de joie et d'espérance.)

SCÈNE IV.

*Le théâtre représente le portique du Conseil des Dix.
Il est entièrement clos, et dans la plus profonde
obscurité.*

(Un siége.)

CHOEUR DES GUERRIERS et DU PEUPLE, *en dehors.*

Brisons les fers, sauvons la vie
De Florestan !
Il a sauvé notre patrie ;
La mort l'attend !

(On entend un grand bruit d'orchestre.)

SCÈNE V.

(Octavie entre précédée et suivie des Gardes du Conseil ; ils traversent silencieusement le théâtre de droite à gauche ; déposent Octavie sur le siége, et sortent.)

LE THÉÂTRE EST TOUJOURS DANS L'OBSCURITÉ.

OCTAVIE, CHOEUR DU PEUPLE, *en dehors*.

OCTAVIE, *seule, assise et presque inanimée*.

Dans les enfers... suis-je donc... descendue ?
Ciel!... tout se tait!... quelle nuit!... quelle horreur!...
Cher Florestan !... je t'appelle... éperdue !...
Je n'entends rien !... je frémis... de terreur !...

(Elle se lève.)

AIR agitatissimo.

(Appelant.)

Florestan !... Florestan !... quel silence !...
A ma voix... il n'a point... répondu !...
C'en est fait !... je n'ai plus... d'espérance !...
Ah ! pour moi... le bonheur... est perdu !...

(Égarée.)

Florestan !... je vais te suivre !
Je venais... te secourir !...
Pour toi seul... je voulais vivre !...
Avec toi... je veux... mourir !...

(Elle tombe près du siége.)

LE CHOEUR DU PEUPLE, *en dehors; coupant l'air.*

Florestan ! Florestan !...

(Joie vive dans l'orchestre.)

OCTAVIE, *étonnée, se soulevant, et restant à genoux, après avoir écouté.*

SUITE DE L'AIR.

Rentre, douce espérance,
En mon cœur abattu.
Dieu! sauve l'innocence!
Protége la vertu!...
O guerrier... magnanime!...
Le cruel... qui t'opprime...
De ton nom... hait l'éclat!...
La fureur... qui l'anime...
Voit en toi... comme un crime...
Le sauveur... de l'état!...
Rentre, ô douce espérance;...
En mon cœur... abattu !...
Dieu! sauve... l'innocence!
Protége... la vertu!...—

FIN DE L'AIR.

(On entend un mouvement très-vif d'orchestre. Les deux portes latérales s'ouvrent ; Marcello accourt; les gardes le suivent avec des flambeaux.)

SCÈNE VI.

MARCELLO, OCTAVIE, Gardes du Sénat.

MARCELLO *entrant vivement.*

Le ciel entend vos vœux. Accourez, Octavie!
Vous êtes libre!

OCTAVIE.

Qui?... moi! libre? et Florestan!...
Il n'est plus?...

MARCELLO.

Il respire! en dépit de l'envie,
Noradin et le peuple ont préservé sa vie.
Le vengeur de Venise au sénat vous attend.

OCTAVIE *avec l'excès de la joie.*

Il est libre?

MARCELLO.

Il est triomphant!

DUO.

OCTAVIE.

ENSEMBLE,
{
Rentre, ô douce espérance!
Dans mon cœur abattu!
Dieu! sauve l'innocence!
Protége la vertu.

MARCELLO.

Dieu! tu rends l'espérance
A son cœur abattu!
Tu venges l'innocence!
Tu sauves la vertu!
}

FIN DU DUO.

(Marcello et Octavie sortent très-vivement à droite ; les gardes les suivent.)

FLORESTAN,

(NUIT PROFONDE.)

(On entend au fond, en dehors, une musique gaie et vive.)

SCÈNE VII.

CHOEUR DU PEUPLE, en dehors.

Du vengeur de notre patrie
Chantons, célébrons les hauts faits!
Des ennnemis et de l'envie
Florestan triomphe à jamais!

(Le théâtre change. A la nuit la plus obscure succède tout à coup une illumination brillante et générale.)

SCÈNE VIII.

Parmi les édifices illuminés, on distingue, au milieu, le palais Saint-Marc. Le fond est traversé par le grand canal, qui se couvre de gondoles et de navires pavoisés, au milieu desquels s'élève le vaisseau amiral.

(On voit à droite une estrade élevée, et disposée pour le triomphateur.)

Guerriers, Officiers marins, Matelots, Gondoliers, Villageois, Villageoises, Peuple.

MARCHE TRIOMPHALE.

CHOEUR GÉNÉRAL, pendant la marche.

(En entrant.)

Du vengeur de notre patrie
Chantons, célébrons les hauts faits!

ACTE III, SCÈNE IX.

(A Florestan.)

Étranger magnanime, enfin daigne accepter
De ma main ta fidèle amie.
D'un rival odieux qui te l'avait ravie,
Tu n'a plus rien à redouter!...—
Il est puni!...

(Donnant à Octavie une épée, qu'elle offre à Florestan.)

Reçois ce fer que te présente
Venise par toi triomphante.
Armé par la beauté, sois toujours, Florestan,
L'espoir de mon pays, l'effroi de Soliman.
Le laurier qui couvre ta tête
Assure à ma patrie un honneur immortel.
Sur ton char triomphal, pour couronner la fête,
Conduits Octavie à l'autel!

(LE BALLET CONTINUE.)

(Marcello conduit les deux époux vers l'estrade.)

FLORESTAN et OCTAVIE, *avant d'y monter.*

Compte, cher Noradin, sur ma reconnaissance!
Demeure près de nous; souscris à nos souhaits!

NORADIN.

Par vous ma liberté commence.
Je ne vous quitterai jamais!

(Florestan, Octavie et Marcello montent sur l'estrade, et s'asseyent;
Noradin est assis au-dessous.)

BALLET GÉNÉRAL ET D'APPARAT.

CHOEUR *pendant le ballet.*

Venise, loin de ce rivage,
Voit fuir le Turc épouvanté!

FLORESTAN,
Héros! des mains de la beauté,
Reçois le prix de ton courage!

(La première danseuse vient présenter à Florestan une couronne de laurier.)

FLORESTAN *se levant, à Octavie.*

Ah! de ma main reçois ce gage
D'amour et de fidélité.
Souffre que le prix du courage
Orne le front de la beauté.

(Florestan pose sa couronne sur la tête d'Octavie.)

CHOEUR des femmes.

La récompense du courage
Orne le front de la beauté.

(*On danse généralement.*)

CHOEUR GÉNÉRAL.

Guerrier! à ta constance,
A ta mâle vaillance,
Venise doit la liberté, la paix.
Dans notre heureuse ivresse,
Chantons, chantons sans cesse :
Vive Octavie, et le héros français!

(LA MARCHE RECOMMENCE.)

(Marcello conduit Florestan et Octavie vers le char. Les deux époux y montent ensemble, traversent l'avant-scène, entourés des chœurs dansans, et suivis de Marcello, de Noradin et des nobles. — Ils s'arrêtent au fond du théâtre. — TABLEAU.

FIN.

IMPRIMERIE DE FAIN, PLACE DE L'ODÉON.

www.ingramcontent.com/pod-product-compliance
Lightning Source LLC
LaVergne TN
LVHW022126080426
835511LV00007B/1045